卞尺丹几乙し丹卞と

Translated Language Learning

Beauty and the Beast

Piękna i Bestia

Gabrielle-Suzanne Barbot de Villeneuve

English / Polsku

Published by Tranzlaty
Beauty and the Beast / Piękna i Bestia
ISBN: 978-1-83566-024-9
Original text by Gabrielle-Suzanne Barbot de Villeneuve
La Belle et la Bête
First published in French in 1740
Taken from The Blue Fairy Book (Andrew Lang)
www.tranzlaty.com

Beauty and the Beast
Piękna i Bestia

***

There was once a rich merchant who had six children
Był sobie kiedyś bogaty kupiec, który miał sześcioro dzieci
he had three sons, and three daughters
Miał trzech synów i trzy córki
he spared no cost for his children's education
Nie szczędził kosztów na edukację swoich dzieci
because he was a man of sense
Bo był człowiekiem rozsądnym
but he gave them all kinds of masters
Ale dał im wszelkiego rodzaju mistrzów
His daughters were extremely pretty, especially the youngest
Jego córki były niezwykle ładne, zwłaszcza najmłodsze
When she was little everybody admired her
Kiedy była mała, wszyscy ją podziwiali
and they called her the little Beauty
i nazywali ją małą Pięknością
when she grew up she was still called Beauty
kiedy dorosła, wciąż nazywano ją Piękną
this made her sisters very jealous
To sprawiło, że jej siostry były bardzo zazdrosne
The two eldest had a great deal of pride, because they were rich
Dwaj najstarsi mieli wiele dumy, ponieważ byli bogaci
They gave themselves ridiculous airs
Dali sobie śmieszne miny
and they would not visit other merchants' daughters

i nie odwiedzali córek innych kupców
because they would only meet with aristocracy
Bo spotykali się tylko z arystokracją
They went out every day to parties;
Codziennie wychodzili na imprezy;
balls, plays, concerts, and so forth
bale, przedstawienia, koncerty i tak dalej
and they laughed at their youngest sister
I śmiali się ze swojej najmłodszej siostry
because she spent most of her time reading
Ponieważ większość czasu spędzała na czytaniu
it was known that they were wealthy
Wiadomo było, że są bogaci
so several eminent merchants asked for their hand
Kilku wybitnych kupców poprosiło więc o rękę
but the two eldest said they would not marry
Ale dwoje najstarszych powiedziało, że się nie pobiorą
they said they would only meet with a duke
Powiedzieli, że spotkają się tylko z księciem
perhaps they would make an exception for an earl
Być może zrobiliby wyjątek dla hrabiego
Beauty very civilly thanked those that courted her
Piękność bardzo uprzejmie podziękowała tym, którzy się
o nią zabiegali;
and she told them she was still too young to marry
Powiedziała im, że jest jeszcze za młoda, by wyjść za mąż
**and she chose to stay with her father for a few years
longer**
I postanowiła zostać z ojcem jeszcze kilka lat

All at once the merchant lost his fortune
Nagle kupiec stracił fortunę
he lost everything apart from a small country house

Stracił wszystko poza małym wiejskim domem
and he told his children with tears in his eyes
I powiedział swoim dzieciom ze łzami w oczach
"we must go to the country"
"Musimy jechać na wieś"
"and we must work for our living"
"I musimy pracować na nasze utrzymanie"
The two eldest didn't want to leave the town
Dwaj najstarsi nie chcieli opuszczać miasta
they had several lovers and were sure one would marry them
Mieli kilku kochanków i byli pewni, że jeden z nich się z nimi ożeni
they thought their lovers would marry them even with no fortune
Myśleli, że ich kochankowie poślubią ich nawet bez fortuny
but the good ladies were mistaken
Ale dobre panie się pomyliły
their lovers abandoned them because they had no fortune any more
Ich kochankowie porzucili ich, ponieważ nie mieli już fortuny
Because they were not well liked, due to their pride
Ponieważ nie byli lubiani ze względu na swoją dumę
everybody said they do not deserve to be pitied
Wszyscy mówili, że nie zasługują na współczucie
"we are very glad to see their pride humbled"
"Bardzo się cieszymy, że ich duma została upokorzona"
"let them be proud of milking cows"
"Niech będą dumni z dojenia krów"
But they were concerned for Beauty
Ale troszczyli się o Piękno

she was such a sweet creature
Była takim słodkim stworzeniem
she spoke so kindly to poor people
Mówiła tak życzliwie do biednych ludzi
and she was of such an innocent nature
A ona miała taką niewinną naturę
Several gentlemen would have married her
Kilku dżentelmenów ożeniłoby się z nią
they would have married her even though they knew
she had no money
Poślubiliby ją, chociaż wiedzieli, że nie ma pieniędzy
But she told them she couldn't marry them
Ale powiedziała im, że nie może ich poślubić
because she would not leave her father
Bo nie chciała opuścić ojca
she was determined to go along with him into the
country
Była zdecydowana pojechać z nim na wieś
so that she could comfort and help him
aby mogła go pocieszyć i pomóc

Poor Beauty was very grieved at first
Biedna Piękność była na początku bardzo zasmucona
she was grieved by the loss of her fortune
Była zasmucona utratą fortuny
"but it wouldn't be any better if I cried"
"ale nie byłoby lepiej, gdybym płakał"
"I must try to make myself happy without fortune"
"Muszę spróbować uszczęśliwić się bez fortuny"
they came to their country house
Przyjechali do swojego wiejskiego domu
and the merchant and his three sons applied themselves
to husbandry

a kupiec i jego trzej synowie zajmowali się hodowlą
Beauty rose at four in the morning
Piękno wstało o czwartej nad ranem
and she hurried to clean the house
I pospieszyła posprzątać dom
and she made sure dinner was ready
I upewniła się, że obiad jest gotowy
In the beginning she found it very difficult
Na początku było jej bardzo trudno
because she had not been used to such work
ponieważ nie była przyzwyczajona do takiej pracy
but in less than two months she grew stronger
Ale w mniej niż dwa miesiące stała się silniejsza
and she was healthier than ever before
I była zdrowsza niż kiedykolwiek wcześniej
After she had done her work she read
Po zakończeniu pracy przeczytała
she played on the harpsichord
Grała na klawesynie
or she sung whilst she spun silk
Albo śpiewała, przędąc jedwab
On the contrary, her two sisters did not know how to spend their time
Wręcz przeciwnie, jej dwie siostry nie wiedziały, jak spędzać czas
they got up at ten and did nothing but laze about all day
Wstawali o dziesiątej i nie robili nic, tylko leniuchowali przez cały dzień
they lamented the loss of their fine clothes
Opłakiwali utratę pięknych ubrań
and they complained about losing their acquaintances
i narzekali na utratę znajomych
"Have a look at our youngest sister" they said to each

other
"Spójrz na naszą najmłodszą siostrę", powiedzieli do siebie
"what a poor and stupid creature she is"
"Cóż to za biedne i głupie stworzenie"
"it is mean to be content with so little"
"To podłe być zadowolonym z tak niewiele"
The good merchant was of quite a different opinion
Dobry kupiec był zupełnie innego zdania
he knew very well that Beauty outshone her sisters
wiedział bardzo dobrze, że Piękna przyćmiewa swoje siostry
she outshone them in character as well as mind
Przyćmiła ich zarówno charakterem, jak i umysłem
he admired her humility and her hard work
Podziwiał jej pokorę i ciężką pracę
but most of all he admired her patience
Ale przede wszystkim podziwiał jej cierpliwość
her sisters not only left her all the work to do
Jej siostry nie tylko zostawiły jej całą pracę do wykonania
but they insulted her every moment
Ale obrażali ją w każdej chwili

The family had lived like this for about a year
Rodzina żyła w ten sposób przez około rok
then the merchant got a letter from an accountant
Potem kupiec dostał list od księgowego
he had an investment in a ship
zainwestował w statek
and the ship had safely arrived
i statek bezpiecznie dotarł
This news turned the heads of the two eldest daughters
Ta wiadomość zawróciła w głowach dwóch najstarszych

córek
they immediately had hopes of returning to town
Od razu mieli nadzieję na powrót do miasta
for they were quite weary of country life
Byli bowiem dość zmęczeni wiejskim życiem
and when they saw their father ready to set out
i kiedy zobaczyli ojca gotowego do wyruszenia w drogę
they begged him to buy them new clothes
Błagali go, by kupił im nowe ubrania
dresses, ribbons, and all sorts of little things
sukienki, wstążki i wszelkiego rodzaju drobiazgi
but Beauty asked for nothing
ale Piękna o nic nie prosiła
because she thought the money wasn't going to be enough
Bo myślała, że pieniądze nie wystarczą
there wouldn't be enough to buy everything her sisters wanted
Nie starczyłoby na wszystko, czego chciały jej siostry
"What will you have, Beauty?" asked her father
"Co będziesz miał, Piękno?" zapytał jej ojciec
"Since you have the goodness to think of me" she said
"Ponieważ masz dobroć myśleć o mnie" - powiedziała
"be so kind as to bring me a rose"
"Bądź tak uprzejmy, aby przynieść mi różę"
"because no roses grow here in the garden"
"Ponieważ w ogrodzie nie rosną róże"
"and roses are a kind of rarity"
"A róże są rodzajem rzadkości"
Beauty didn't really care for roses
Piękno tak naprawdę nie dbało o róże
she only asked for something not to condemn her sisters
Prosiła tylko o coś, by nie potępiać sióstr

but her sisters thought she asked for roses for other reasons
Ale jej siostry myślały, że poprosiła o róże z innych powodów
"she did it just to look particular"
"Zrobiła to tylko po to, by wyglądać szczególnie"

The good man went on his journey
Dobry człowiek wyruszył w podróż
but when he arrived they argued about the merchandise
Ale kiedy przybył, pokłócili się o towar
and after a lot of trouble he came back as poor as before
I po wielu kłopotach wrócił tak biedny jak przedtem
He was within thirty miles of his own house
Znajdował się w promieniu trzydziestu mil od własnego domu
and he already imagined the joy of seeing his children
I już wyobrażał sobie radość z widoku swoich dzieci
but when going through forest he got lost
Ale idąc przez las zgubił się
It rained and snowed terribly
Padał deszcz i padał straszny śnieg
the wind was so strong it threw him off his horse
Wiatr był tak silny, że zrzucił go z konia
and night was coming quickly
a noc zbliżała się wielkimi krokami
he began to think that he might starve
Zaczął myśleć, że może umrzeć z głodu
or he thought that he could freeze to death
Albo myślał, że może zamarznąć na śmierć
or he thought wolves may eat him
Albo myślał, że wilki mogą go zjeść
the wolves that he heard howling all round

wilki, które słyszał wycie dookoła;

but all of a sudden he saw a light

Ale nagle zobaczył światło

he saw the light at a distance through the trees

Widział światło z daleka przez drzewa

when he got closer he saw it was a palace

Kiedy podszedł bliżej, zobaczył, że to pałac

it was illuminated from top to bottom

Był oświetlony od góry do dołu

The merchant thanked God for his luck

Kupiec dziękował Bogu za szczęście

and he hurried to the palace

I pospieszył do pałacu

but he was surprised not to see any one there

Ale był zaskoczony, że nikogo tam nie widział

the court yard was empty and there was no sign of life

Dziedziniec był pusty i nie było widać było oznak życia

His horse followed him and saw a large stable

Jego koń podążył za nim i zobaczył dużą stajnię

the poor beast was almost famished

Biedna bestia była prawie wygłodzona

and his horse went in to find hay and oats

A jego koń poszedł szukać siana i owsa

fortunately he found plenty to eat

Na szczęście znalazł dużo jedzenia

and the merchant tied his horse up to the manger

I kupiec przywiązał konia do żłóbka

Walking towards the house he saw no one

Idąc w kierunku domu, nikogo nie zobaczył

but in a large hall he found a good fire

Ale w dużej sali znalazł dobry ogień

and he found a table set for one

i znalazł stół dla jednego

he was wet with the rain and snow
Był mokry od deszczu i śniegu
so he drew near the fire to dry himself
Podszedł więc do ognia, aby się wysuszyć
"I hope the master of the house will excuse me"
"Mam nadzieję, że pan domu mi wybaczy"
"I suppose it won't take long for someone to appear"
"Przypuszczam, że nie zajmie to dużo czasu, zanim ktoś się pojawi"
He waited a considerable time
Czekał sporo czasu
he waited until it struck eleven, and still nobody came
Czekał, aż wybije jedenasta, a i tak nikt nie przyszedł
At last he was so hungry that he could wait no longer
W końcu był tak głodny, że nie mógł już dłużej czekać
he took some chicken and ate it in two mouthfuls
Wziął trochę kurczaka i zjadł go w dwóch kęsach
he was trembling while eating the food
Drżał podczas jedzenia
After this he drank a few glasses of wine
Potem wypił kilka kieliszków wina
growing more courageous he went out of the hall
Coraz odważniejszy wyszedł z sali
and he crossed through several grand apartments
i przeszedł przez kilka wielkich apartamentów
he walked through the palace until he came into a chamber
Szedł przez pałac, aż wszedł do komnaty
a chamber which had an exceeding good bed in it
komnata, w której znajdowało się nadzwyczaj dobre łóżko;
he was very much fatigued from his ordeal
Był bardzo zmęczony swoją próbą

and the time was already past midnight
A czas był już po północy
so he decided it was best to shut the door
Zdecydował więc, że najlepiej będzie zamknąć drzwi
and he concluded he should go to bed
I doszedł do wniosku, że powinien iść spać

It was ten in the morning when the merchant woke up
Była dziesiąta rano, kiedy kupiec się obudził
just as he was going to rise he saw something
Gdy miał wstać, zobaczył coś
he was astonished to see a good suit of clothes
Był zdumiony, widząc dobry garnitur ubrań
in the place where he had left his dirty clothes
w miejscu, gdzie zostawił swoje brudne ubranie
"certainly this palace belongs to some kind fairy"
"Z pewnością ten pałac należy do jakiejś wróżki"
"a fairy who has seen and pitied me"
"Wróżka, która mnie widziała i współczuła"
He looked through a window
Wyjrzał przez okno
but instead of snow he saw the most delightful garden
Ale zamiast śniegu zobaczył najwspanialszy ogród
and in the garden were the most beautiful roses
A w ogrodzie były najpiękniejsze róże
He then returned to the great hall
Następnie wrócił do wielkiej sali
the hall where he had had soup the night before
sala, w której poprzedniego wieczoru jadł zupę
and he found some chocolate on a little table
I znalazł trochę czekolady na małym stoliku
"Thank you, good Madam Fairy" he said aloud
– Dziękuję, dobra pani wróżko – powiedział głośno

"thank you for being so caring"
"Dziękuję, że jesteś tak troskliwy"
"I am extremely obliged to you for all your favours"
"Jestem Ci niezmiernie wdzięczny za wszystkie Twoje łaski"
The good man drank his chocolate
Dobry człowiek wypił czekoladę
and then went to look for his horse
a potem poszedł szukać swojego konia
but in the garden he remembered Beauty's request
ale w ogrodzie przypomniał sobie prośbę Pięknej
and he cut off a branch of roses
I odciął gałąź róż
immediately he heard a great noise
Natychmiast usłyszał wielki hałas
and he saw such a frightful Beast
i zobaczył taką straszliwą bestię
that he was ready to faint
że był gotów zemdleć
"You are very ungrateful" said the Beast to him
"Jesteś bardzo niewdzięczny" - powiedziała do niego Bestia
and it said it in a terrible voice
I powiedział to strasznym głosem
"I have saved your life by allowing you into my castle"
"Uratowałem ci życie, wpuszczając cię do mojego zamku"
"and for this you steal my roses in return?"
"I za to kradniesz moje róże w zamian?"
"The roses which I value beyond anything"
"Róże, które cenię ponad wszystko"
"but you shall die for what you've done"
"Ale umrzesz za to, co uczyniłeś"
"I give you but a quarter of an hour to prepare yourself"

"Daję ci tylko kwadrans na przygotowanie się"
get yourself ready for death and say your prayers"
Przygotuj się na śmierć i odmów modlitwy"

The merchant fell on his knees
Kupiec padł na kolana
and he lifted up both his hands
i podniósł obie ręce
"My lord, I beseech you to forgive me"
"Mój panie, błagam cię, przebacz mi"
"I had no intention of offending you"
"Nie miałem zamiaru cię urazić"
"I gathered a rose for one of my daughters"
"Zebrałem różę dla jednej z moich córek"
"she desired me to bring her a rose"
"Chciała, żebym przyniósł jej różę"
"I am not your lord, but I am a beast" replied the monster
"Nie jestem twoim panem, ale jestem bestią" - odpowiedział potwór
"I don't love compliments"
"Nie lubię komplementów"
"I like people who speak as they think"
"Lubię ludzi, którzy mówią tak, jak myślą"
"do not imagine I can be moved by flattery"
"Nie wyobrażaj sobie, że mogę być poruszony pochlebstwami"
"But you say you have got daughters"
"Ale mówisz, że masz córki"
"I will forgive you, on the condition that one of your daughters comes willingly"
"Wybaczę ci, pod warunkiem, że jedna z twoich córek przyjdzie chętnie"

"and she must suffer for you"
"I ona musi cierpieć za ciebie"
"Let me have your word"
"Pozwól mi mieć twoje słowo"
"and then you can go about your business"
"A potem możesz zająć się swoimi sprawami"
"Promise me this:"
"Obiecaj mi to:"
"if your daughter refuse to die for you, you will return within three months"
"Jeśli twoja córka nie chce za ciebie umrzeć, wrócisz w ciągu trzech miesięcy"
The merchant had no intentions to sacrifice his daughters
Kupiec nie miał zamiaru poświęcać swoich córek
but, since he was given time he wanted to see his daughters once more
Ale ponieważ dostał czas, chciał jeszcze raz zobaczyć swoje córki
so he promised he would return
Obiecał więc, że wróci
and the Beast told him he might set out when he pleased
Bestia powiedziała mu, że może wyruszyć, kiedy zechce
and the beast told him one more thing
A bestia powiedziała mu jeszcze jedną rzecz
"you shall not depart empty handed"
"Nie odejdziesz z pustymi rękami"
"go back to the room where you lay"
"Wróć do pokoju, w którym leżysz"
"you will see a great empty chest"
"Zobaczysz wielką pustą skrzynię"
"fill the chest with whatever you like best"

"Wypełnij skrzynię tym, co lubisz najbardziej"
"and I will send the chest to your home"
"i wyślę skrzynię do twojego domu"
and at the same time Beast withdrew
i w tym samym czasie Bestia wycofała się

"Well," said the good man to himself
"Cóż," powiedział dobry człowiek do siebie
"if I must die, I shall at least leave something to my children"
"Jeśli muszę umrzeć, przynajmniej zostawię coś moim dzieciom"
so he returned to the bedchamber
Wrócił więc do sypialni
and found a great quantity of broad pieces of gold
i znalazł wielką ilość szerokich kawałków złota
he filled the great chest the beast had mentioned
Napełnił wielką skrzynię, o której wspomniała bestia
and took his horse out of the stable
i wyprowadził konia ze stajni
The joy he felt when entering the palace was now equal to the grief he felt leaving it
Radość, którą odczuwał, wchodząc do pałacu, była teraz równa smutkowi, jaki odczuwał, opuszczając go
The horse took one of the roads of the forest
Koń wybrał jedną z dróg lasu
and in a few hours the good man was home
A za kilka godzin dobry człowiek był w domu
His children came round him
Jego dzieci okrążyły go
but instead of receiving their embraces with pleasure, he looked at them
Ale zamiast przyjąć ich uściski z przyjemnością, spojrzał

na nich
held up the branch he had in his hands
podniósł gałąź, którą miał w rękach
and then he burst into tears
A potem wybuchnął płaczem
"Here, Beauty," he said, "take these roses"
"Tutaj, Piękno," powiedział, "weź te róże"
"but you can't know how costly these roses have been"
"Ale nie możesz wiedzieć, jak kosztowne były te róże"
"they cost your father his life"
"Kosztowały twojego ojca życie"
and then he told of his fatal adventure
A potem opowiedział o swojej fatalnej przygodzie
Immediately the two eldest cried out
Natychmiast zawołali dwaj najstarsi
and they said many mean things to Beauty
i powiedzieli wiele złośliwych rzeczy do Piękna
but Beauty did not cry at all
ale Piękna wcale nie płakała
"Look at the pride of that little wretch" said they
"Spójrz na dumę tego małego nieszczęśnika" - powiedzieli
"she would not ask for fine clothes"
"Nie prosiła o eleganckie ubrania"
"she should have done what we did"
"Powinna była zrobić to, co my"
"Miss wanted to distinguish herself"
"Panna chciała się wyróżnić"
"so now she will be the death of our father"
"Więc teraz będzie śmiercią naszego Ojca"
"and yet she does not shed a tear"
"A jednak nie roni łzy"
"Why should I cry?" answered Beauty
"Dlaczego miałabym płakać?" odpowiedziała Piękność

"crying would be very needless"
"Płacz byłby bardzo niepotrzebny"
"my father will not suffer for me"
"Mój Ojciec nie będzie cierpiał za mnie"
"the monster will accept of one of his daughters"
"Potwór zaakceptuje jedną ze swoich córek"
"I will offer myself up to all his fury"
"Ofiaruję się na całą jego furię"
"and I am very happy, for my death will save my father's life"
"I jestem bardzo szczęśliwy, bo moja śmierć uratuje życie mojego ojca"
"my death will be a proof of my love"
"Moja śmierć będzie dowodem mojej miłości"
"No, sister" said her three brothers
"Nie, siostro", powiedzieli jej trzej bracia
"that shall not be"
"tego nie będzie"
"we will go find the monster"
"Pójdziemy znaleźć potwora"
"and either we will kill him"
"I albo go zabijemy"
"or we will perish in the attempt"
"albo zginiemy w próbie"
"Do not imagine any such thing, my sons" said the merchant
– Nie wyobrażajcie sobie czegoś takiego, moi synowie – powiedział kupiec
"the beast's power is so great that I have no hope you could overcome him"
"Moc bestii jest tak wielka, że nie mam nadziei, że ją pokonasz"
"I am charmed with Beauty's kind and generous offer"

"Jestem oczarowana życzliwą i hojną ofertą Piękność"
"but I cannot yield to it"
"ale nie mogę się temu poddać"
"I am old, and I don't have long to live"
"Jestem stary i nie mam długo żyć"
"so I can only loose a few years"
"więc mogę stracić tylko kilka lat"
"time which I regret for you, my dear children"
"Czas, którego żałuję dla was, moje drogie dzieci"
"But father" said Beauty
– Ale ojcze – powiedziała Piękna
"you shall not go to the palace without me"
"Beze Mnie nie pójdziesz do pałacu"
"you cannot stop me from following you"
"Nie możesz mnie powstrzymać przed pójściem za tobą"
Nothing would convince Beauty otherwise
Nic nie przekonałoby Piękna inaczej
she insisted on going to the fine palace
Nalegała, by udać się do pięknego pałacu
and her sisters were delighted.
A jej siostry były zachwycone.

The merchant was very worried at the thoughts of losing his daughter
Kupiec był bardzo zaniepokojony myślami o utracie córki
he was so worried that he had forgotten about the chest full of gold
Był tak zmartwiony, że zapomniał o skrzyni pełnej złota
at night he retired to rest and shut his chamber door
W nocy udał się na spoczynek i zamknął drzwi swojej komnaty
then, to his great astonishment, he found the treasure by his bedside

Potem, ku swemu wielkiemu zdumieniu, znalazł skarb przy swoim łóżku

he was determined not to tell his children

Był zdecydowany nie mówić o tym swoim dzieciom

they would have wanted to return to town

Chcieliby wrócić do miasta

and he was resolved not to leave the country

i postanowił nie opuszczać kraju

but he trusted Beauty with the secret

ale powierzył Pięknej tajemnicę

she informed him that two gentlemen came

Poinformowała go, że przyszło dwóch panów

and they courted her sisters

i zabiegali o względy jej sióstr

she begged her father to consent to their marriage

Błagała ojca, by zgodził się na ich małżeństwo

and she asked him to give them fortunes

I poprosiła go, aby dał im fortunę

she had already forgiven them

Ona już im wybaczyła

These wicked creatures rubbed their eyes with an onion

Te nikczemne stworzenia przetarły oczy cebulą

to force some tears when they parted with their sister

aby wymusić łzy, kiedy rozstali się z siostrą

but her brothers really were concerned

Ale jej bracia naprawdę byli zaniepokojeni

Beauty was the only one who did not shed tears

Piękność była jedyną, która nie roniła łez

she did not want to increase their uneasiness

Nie chciała zwiększać ich niepokoju

The horse took the direct road to the palace

Koń poszedł prostą drogą do pałacu

and towards evening they saw it illuminated

A pod wieczór ujrzeli ją oświetloną
The horse took himself into the stable again
Koń ponownie wszedł do stajni
and the good man and his daughter came into the great hall
I dobry człowiek i jego córka weszli do wielkiej sali
here they found a table splendidly served up
Tutaj znaleźli stół wspaniale podany
The merchant had no heart to eat
Kupiec nie miał serca jeść
but Beauty endeavoured to appear cheerful
ale Piękność starała się wyglądać na wesołą
she sat down to table and helped her father
Usiadła do stołu i pomogła ojcu
but she also thought to herself
Ale pomyślała też sobie
"beast surely wants to fatten me before he eats me"
"Bestia na pewno chce mnie utuczyć, zanim mnie zje"
"that is why he provides such plentiful entertainment"
"Dlatego zapewnia tak obfitą rozrywkę"
After they had eaten they heard a great noise
Po posiłku usłyszeli wielki hałas
and the merchant bid his poor child farewell, with tears in his eyes
A kupiec pożegnał swoje biedne dziecko ze łzami w oczach
for he knew the beast was coming
bo wiedział, że bestia nadchodzi
Beauty was terrified at his horrid form
Piękność była przerażona jego okropną postacią
but she took courage as well as she could
Ale zdobyła się na odwagę, jak tylko mogła;
and the monster asked her if she came willingly

A potwór zapytał ją, czy przyszła dobrowolnie
"yes, I have come willingly" she said trembling
"Tak, przyszłam dobrowolnie", powiedziała drżąc
The beast responded, "You are very good"
Bestia odpowiedziała: "Jesteś bardzo dobry"
"and I am greatly obliged to you; honest man"
"I jestem wam bardzo zobowiązany; uczciwy człowiek"
"go your ways tomorrow morning"
"Idź swoją drogą jutro rano"
"but never think of coming here again"
"Ale nigdy nie myśl o przyjeździe tu ponownie"
"Farewell Beauty, farewell Beast" he answered
"Żegnaj piękno, żegnaj bestio" - odpowiedział
and immediately the monster withdrew
i natychmiast potwór się wycofał
"Oh, daughter" said the merchant
– Och, córko – powiedział kupiec
while he embraced his daughter
kiedy obejmował swoją córkę
"I am almost frightened to death"
"Jestem prawie śmiertelnie przerażony"
"believe me, you had better go back"
"Uwierz mi, lepiej wróć"
"let me stay here instead of you"
"Pozwól mi tu zostać zamiast ciebie"
"No, father" said Beauty, in a resolute tone
– Nie, ojcze – powiedziała Piękna zdecydowanym tonem
"you shall set out tomorrow morning"
"Wyruszysz jutro rano"
"leave me to the care and protection of providence"
"Zostaw mnie opiece i opiece Opatrzności"
nonetheless they went to bed
Mimo to poszli spać

they thought they would not close their eyes all night
Myśleli, że nie zamkną oczu przez całą noc
but just as they laid down they slept
Ale gdy tylko się położyli spali, zasnęli

Beauty dreamed a fine lady came and said to her
Piękność śniła, że przyszła piękna dama i powiedziała do niej
"I am content, Beauty, with your good will"
"Jestem zadowolony, Piękno, z twojej dobrej woli"
"this good action of yours shall not go unrewarded"
"Ten twój dobry czyn nie pozostanie bez nagrody"
Beauty waked and told her father her dream
Piękność obudziła się i opowiedziała ojcu swój sen
the dream helped to comfort him a little
Sen pomógł mu trochę pocieszyć
but he could not help crying bitterly as he was leaving
Ale nie mógł powstrzymać gorzkiego płaczu, gdy odchodził
As soon as he was gone, Beauty sat down in the great hall and cried too
Gdy tylko odszedł, Piękna usiadła w wielkiej sali i też płakała
but she resolved not to be uneasy
Postanowiła jednak nie czuć się nieswojo;
she would be strong for the little time she had left to live
Będzie silna przez ten krótki czas, który jej pozostał do życia
because she firmly believed the beast would eat her
Ponieważ mocno wierzyła, że bestia ją zje
However, she thought she might as well walk about
Pomyślała jednak, że równie dobrze może chodzić

and she wanted to view this fine castle
I chciała zobaczyć ten piękny zamek
a castle which she could not help admiring
Zamek, który nie mogła powstrzymać się od podziwu
it was a delightfully pleasant place
To było cudownie przyjemne miejsce
and she was extremely surprised at seeing a door
I była bardzo zaskoczona, gdy zobaczyła drzwi
and over the door was written "Beauty's room"
a nad drzwiami było napisane "Pokój piękności"
She opened the door hastily
Pośpiesznie otworzyła drzwi
and was quite dazzled with the magnificence of the room
i był całkiem oszołomiony wspaniałością pokoju
what chiefly took up her attention was a large library
Tym, co głównie zajmowało jej uwagę, była duża biblioteka
a harpsichord and several music books
klawesyn i kilka książek muzycznych
"Well" said she to herself
"Cóż", powiedziała do siebie
"I see the beast will not let my time hang heavy"
"Widzę, że bestia nie pozwoli, aby mój czas wisiał ciężko"
Then she reflected to herself about her situation
Potem zastanawiała się nad swoją sytuacją
"If I was meant to stay a day all this would not be here"
"Gdybym miał zostać jeden dzień, tego wszystkiego by tu nie było"
This consideration inspired her with fresh courage
Ta myśl natchnęła ją nową odwagą
and opening the library she took a book
i otwierając bibliotekę, wzięła książkę

and she read these words in golden letters
I przeczytała te słowa złotymi literami
"Welcome Beauty, banish fear"
"Witaj Pięknie, wygnaj strach"
"You are queen and mistress here"
"Jesteś tu królową i kochanką"
"Speak your wishes, speak your will"
"Wypowiadaj swoje życzenia, wypowiadaj swoją wolę"
"Swift obedience meets them here"
"Szybkie posłuszeństwo spotyka ich tutaj"
"Alas," said she, with a sigh
– Niestety – powiedziała z westchnieniem
"Most of all I wish to see my poor father"
"Przede wszystkim pragnę zobaczyć mojego biednego ojca"
"and I would like to know what he is doing"
"i chciałbym wiedzieć, co on robi"
As soon as she had said this she noticed the mirror
Gdy tylko to powiedziała, zauważyła lustro
to her great amazement she saw her own home
Ku swemu wielkiemu zdumieniu zobaczyła swój własny dom
her father arrived emotionally exhausted
Jej ojciec przybył wyczerpany emocjonalnie
Her sisters went to meet him
Jej siostry wyszły mu na spotkanie
despite their attempts to appear sorrowful, their joy was visible
Pomimo prób sprawiania wrażenia smutnych, ich radość była widoczna
A moment later everything disappeared
Chwilę później wszystko zniknęło
and Beauty's apprehensions disappeared too

zniknęły też obawy Pięknej
for she knew she could trust the beast
Wiedziała bowiem, że może zaufać bestii

At noon she found dinner ready
W południe zastała gotowy obiad
while she was at the table
kiedy siedziała przy stole
she was entertained with a concert of music
Zabawiał ją koncert muzyczny
although she couldn't see anybody
chociaż nikogo nie widziała
at night, just before she sat down to supper
w nocy, tuż przed tym, jak usiadła do kolacji
she heard the noise Beast made
usłyszała hałas Bestii
and she could not help being terrified
I nie mogła powstrzymać przerażenia
"Beauty" said the monster
– Piękno – powiedział potwór
"do you allow me to eat with you?"
"Czy pozwalasz mi jeść z tobą?"
"That is as you please" Beauty answered trembling
"To jest tak, jak chcesz" - odpowiedziała Piękna drżąc
"No" replied the Beast
"Nie," odpowiedziała Bestia
"you alone are mistress here"
"Tylko ty jesteś tu kochanką"
"you can send me away if I'm troublesome"
"możesz mnie odesłać, jeśli będę kłopotliwy"
"send me away and I will immediately withdraw"
"odeślij mnie, a ja natychmiast się wycofam"
"But, tell me; do you not think I am very ugly?"

"Ale powiedz mi; Czy nie uważasz, że jestem bardzo brzydki?"

"That is true" said Beauty

"To prawda", powiedziała Piękność

"I cannot tell a lie"

"Nie mogę kłamać"

"but I believe you are very good natured"

"ale wierzę, że jesteś bardzo dobroduszny"

"I am indeed" said the monster

"Naprawdę jestem" - powiedział potwór

"But apart from my ugliness, I also have no sense"

"Ale poza moją brzydotą nie mam też sensu"

"I know very well that I am a silly creature"

"Wiem bardzo dobrze, że jestem głupim stworzeniem"

"It is no sign of folly to think so" replied Beauty

"To nie jest oznaka głupoty, aby tak myśleć" - odpowiedziała Piękność

"Eat then, Beauty" said the monster

– Jedz więc, Piękna – powiedział potwór

"try to amuse yourself in your palace"

"Spróbuj zabawić się w swoim pałacu"

"everything here is yours"

"Wszystko tutaj jest twoje"

"and I would be very uneasy if you were not happy"

"I byłbym bardzo niespokojny, gdybyś nie był szczęśliwy"

"You are very obliging" answered Beauty

"Jesteś bardzo uczynna" - odpowiedziała Piękna

"I admit I am pleased with your kindness"

"Przyznaję, że jestem zadowolony z twojej życzliwości"

"and when I consider this, I hardly notice your deformities"

"A kiedy się nad tym zastanawiam, prawie nie zauważam twoich deformacji"

"Yes, yes" said the Beast, **"my heart is good**
"Tak, tak", powiedziała Bestia, "moje serce jest dobre
but I am still a monster"
"ale nadal jestem potworem"
**"There are many men that deserve that name more than
you"**
"Jest wielu mężczyzn, którzy zasługują na to imię bardziej
niż ty"
"and I prefer you just as you are"
"i wolę cię takim, jakim jesteś"
**"and I prefer you to more than those who hide an
ungrateful heart"**
"i wolę cię bardziej niż tych, którzy ukrywają
niewdzięczne serce"
"If only I had some sense" replied the Beast
"Gdybym tylko miał trochę rozsądku" - odpowiedziała
Bestia
"I would make a fine compliment to thank you"
"Chciałbym zrobić piękny komplement, aby ci
podziękować"
"but I am so dull"
"ale jestem taki nudny"
"I can only say I am greatly obliged to you"
"Mogę tylko powiedzieć, że jestem ci bardzo
zobowiązany"
Beauty ate a hearty supper
Piękność zjadła obfitą kolację
and had almost conquered her dread of the monster
i prawie pokonała swój strach przed potworem
but she wanted to faint away when the beast asked her
Ale chciała zemdleć, gdy bestia ją o to poprosiła
"Beauty, will you be my wife?"
"Piękno, czy będziesz moją żoną?"

She took some time before she could answer
Minęło trochę czasu, zanim zdążyła odpowiedzieć
because she was afraid of making him angry
Bo bała się, że go rozzłości;
At last, however, she said "no Beast"
W końcu jednak powiedziała "nie ma bestii"
Immediately the poor monster hissed very frightfully
Natychmiast biedny potwór syknął bardzo przerażająco
and the whole palace echoed
i cały pałac odbił się echem
But Beauty soon recovered from her fright
Ale Piękna wkrótce otrząsnęła się ze strachu
because beast spoke again in a mournful voice
Bo Bestia znów przemówiła żałobnym głosem
"then farewell, Beauty"
"Żegnaj, Piękno"
and he only turned back now and then
I zawracał tylko od czasu do czasu
to look at her as he went out
Patrzeć na nią, gdy wychodził

When Beauty was alone
Kiedy Piękna była sama
she felt a great deal of compassion
Czuła wiele współczucia
"Alas, it is a thousand pities"
"Niestety, to tysiąc litości"
"anything so good natured should not be so ugly"
"Wszystko, co jest tak dobroduszne, nie powinno być tak brzydkie"
Beauty spent three months very contentedly in the palace
Piękność spędziła trzy miesiące bardzo zadowolona w

pałacu
Every evening the beast paid her a visit
Każdego wieczoru bestia odwiedzała ją
and they talked during supper
i rozmawiali podczas kolacji
they talked with common sense
Rozmawiali ze zdrowym rozsądkiem
but they didn't talk with what people call wit
Ale nie rozmawiali z tym, co ludzie nazywają dowcipem
and Beauty always discovered some valuable character in beast
a Piękność zawsze odkrywała jakąś cenną postać w bestii
and she had gotten used to his deformity
I przyzwyczaiła się do jego deformacji
she didn't dread the time of his visit anymore
Nie bała się już czasu jego wizyty
now she would often look at her watch
Teraz często spoglądała na zegarek
and she couldn't wait for it to be nine
I nie mogła się doczekać, aż będzie dziewiąta
for the Beast never missed coming at that hour
bo Bestia nigdy nie omieszkała przyjść o tej godzinie
There was only one thing that concerned Beauty
Była tylko jedna rzecz, która martwiła Piękno
every night before she went to bed
każdej nocy przed pójściem spać
the monster asked her if she would be his wife
Potwór zapytał ją, czy będzie jego żoną
One day she said to him "Beast, you make me very uneasy"
Pewnego dnia powiedziała do niego: "Bestia, sprawiasz, że czuję się bardzo nieswojo"
"I wish I could consent to marry you"

"Chciałbym móc zgodzić się na małżeństwo z tobą"
"but I am too sincere to make you believe it"
"ale jestem zbyt szczery, abyś w to uwierzył"
"our marriage will never happen"
"Nasze małżeństwo nigdy się nie wydarzy"
"I shall always see you as a friend"
"Zawsze będę cię postrzegał jako przyjaciela"
"please try to be satisfied with this"
"Proszę spróbować być z tego zadowolonym"
"I must be satisfied with this" said the Beast
"Muszę być z tego zadowolony" - powiedziała Bestia
"I know my own misfortune"
"Znam własne nieszczęście"
"but I love you with the tenderest affection"
"ale kocham cię najczulszym uczuciem"
"However, I ought to consider myself as happy"
"Powinienem jednak uważać się za szczęśliwego"
"and I should be happy that you will stay here"
"i byłbym szczęśliwy, że tu zostaniesz"
"promise me never to leave me"
"Obiecaj mi, że nigdy mnie nie opuszczę"
Beauty blushed at these words
Piękność zarumieniła się na te słowa

one day Beauty had seen in her mirror
pewnego dnia Piękność zobaczyła w swoim lustrze
her father had worried himself sick for her
Ojciec martwił się o nią chory
and she longed to see him again
i pragnęła go znowu zobaczyć
"I could promise never to leave you entirely"
"Mógłbym obiecać, że nigdy nie opuszczę cię całkowicie"
"but I have so great a desire to see my father"

"Ale tak bardzo pragnę zobaczyć mojego ojca"

"I shall fret to death if you say no"

"Zabiję się, jeśli powiesz nie"

"I had rather die myself" said the monster

"Wolałbym umrzeć sam" - powiedział potwór

"I would rather than make you feel uneasiness"

"Wolałbym raczej sprawić, że poczujesz niepokój"

"I will send you to your father"

"Poślę cię do twojego ojca"

"you shall remain with him"

"Z nim pozostaniesz"

"and poor Beast will die with grief"

"a biedna Bestia umrze z żalu"

"No" said Beauty, weeping

"Nie," powiedziała Piękność, płacząc

"I love you too much to be the cause of your death"

"Za bardzo cię kocham, by być przyczyną twojej śmierci"

"I give you my promise to return in a week"

"Daję ci obietnicę, że wrócę za tydzień"

"You have shown me that my sisters are married"

"Pokazałeś mi, że moje siostry są zamężne"

"and my brothers have gone to the army"

"A moi bracia poszli do wojska"

"let me stay a week with my father, as he is alone"

"Pozwól mi zostać tydzień z moim ojcem, ponieważ jest sam"

"You shall be there tomorrow morning" said the Beast

– Będziesz tam jutro rano – powiedziała Bestia

"but remember your promise"

"Ale pamiętaj o swojej obietnicy"

"You need only lay your ring on a table before you go to bed"

"Musisz tylko położyć pierścień na stole przed pójściem

spać"
"and you will be brought back before the morning"
"I zostaniesz przyprowadzony przed ranem"
"Farewell Beauty" sighed the Beast
"Żegnaj piękno" westchnęła Bestia
and Beauty went to bed very sad at
a Piękna poszła spać bardzo smutna w
because she didn't want to see Beast so worried
bo nie chciała widzieć Bestii tak zmartwionej

When she waked the next morning, she found herself at her father's
Kiedy obudziła się następnego ranka, znalazła się u ojca
she rung a little bell by her bedside
Zadzwoniła małym dzwoneczkiem przy łóżku
and the maid gave a loud shriek
A służąca wydała głośny wrzask
and her father ran upstairs
a jej ojciec pobiegł na górę
He thought he should have died with joy
Myślał, że powinien umrzeć z radości
He held her in his arms for quarter of an hour
Trzymał ją w ramionach przez kwadrans
As soon as the first greetings were over
Jak tylko skończyły się pierwsze pozdrowienia
Beauty began to think of rising
Piękno zaczęło myśleć o wzroście
but she was afraid she had no clothes
ale bała się, że nie ma ubrań
but the maid told her she had found a trunk
Ale pokojówka powiedziała jej, że znalazła kufer
The large trunk was full of gowns
Duży kufer był pełen sukni

each gown was covered with gold and diamonds
Każda suknia była pokryta złotem i diamentami
Beauty thanked beast for his kind care
Piękność podziękowała bestii za jego życzliwą opiekę
and she took one of the plainest of the dresses
i wzięła jedną z najprostszych sukienek
she intended to give the other dresses to her sisters
Pozostałe sukienki zamierzała oddać siostrom
But at the thought the trunk disappeared
Ale na samą myśl pień zniknął
Beast had insisted the clothes were for her only
Beast upierał się, że ubrania są tylko dla niej
her father told her that this was the case
Ojciec powiedział jej, że tak właśnie jest
And immediately the trunk came back again
I natychmiast pień wrócił
Beauty dressed herself
Piękność ubrała się sama
and in the meantime maids went to find her sisters
A w międzyczasie pokojówki poszły szukać jej sióstr
both her sister were with their husbands
Obie jej siostry były ze swoimi mężami
but both of them were very unhappy
Ale oboje byli bardzo nieszczęśliwi
The eldest had married a very handsome gentleman
Najstarsza wyszła za mąż za bardzo przystojnego
dżentelmena
but he was so fond of himself that he neglected his wife
Ale tak bardzo lubił siebie, że zaniedbywał żonę
The second had married a witty man
Druga wyszła za mąż za dowcipnego mężczyznę
but he used his with to torment people
Ale używał swoich do dręczenia ludzi

and he tormented his wife most of all
A żonę dręczył przede wszystkim
Beauty's sisters saw her dressed like a princess
Siostry piękności widziały ją ubraną jak księżniczka
and they were sickened with envy
i byli zniesmaczeni z zazdrości
now she was more beautiful than ever
Teraz była piękniejsza niż kiedykolwiek
her affectionate behaviour could not stifle their jealousy
Jej czułe zachowanie nie mogło stłumić ich zazdrości
she told them how happy she was with the beast
Powiedziała im, jak bardzo jest szczęśliwa z bestią
and their jealousy was ready to burst
a ich zazdrość była gotowa wybuchnąć

They went down into the garden to cry about it
Zeszli do ogrodu, żeby płakać z tego powodu
"In what way is this little creature better than us?"
"W jakim sensie to małe stworzenie jest lepsze od nas?"
"Why should she be so much happier?"
"Dlaczego miałaby być o wiele szczęśliwsza?"
"Sister" said the oldest
– Siostro – powiedziała najstarsza
"a thought just strikes my mind"
"Myśl po prostu uderza mnie w głowę"
"let us try to keep her here more than a week"
"Spróbujmy zatrzymać ją tutaj dłużej niż tydzień"
"perhaps this will enrage the silly monster"
"Być może to rozwścieczy głupiego potwora"
"because she would have broken her word"
"Bo złamała słowo"
"and then he might devour her"
"A potem mógłby ją pożreć"

"Right, sister" answered the other
"Dobrze, siostro" odpowiedział drugi
"we must show her as much kindness as possible"
"Musimy okazać jej jak najwięcej życzliwości"
the sisters made this their resolution
Siostry podjęły takie postanowienie
and they behaved so affectionately to their sister
I zachowywali się tak czule wobec siostry
poor Beauty wept for joy from all their kindness
biedna Piękność płakała z radości z całej swojej dobroci
When the week was expired, they cried and tore their hair
Kiedy tydzień minął, płakali i rwali włosy
they seemed so sorry to part with her
Wydawało się, że tak przykro im z nią rozstać
and Beauty promised to stay a week longer
i Piękność obiecał zostać tydzień dłużej

In the meantime, Beauty could not help reflecting on herself
W międzyczasie Piękność nie mogła powstrzymać się od refleksji nad sobą
she worried what she was doing to poor beast
Martwiła się, co robi biednej bestii
she know that she sincerely loved him
Wiedziała, że szczerze go kochała
and she really longed to see him again
I naprawdę pragnęła go znowu zobaczyć
On the tenth night she spent at her father's
Dziesiątą noc spędziła u ojca
she dreamed she was in the palace garden
Śniło jej się, że jest w pałacowym ogrodzie
and she dreamt that she saw beast extended on the grass

I śniło jej się, że widzi bestię rozciągniętą na trawie
he seemed to reproach her in a dying voice
Zdawał się czynić jej wyrzuty umierającym głosem
and he accused her of ingratitude
i oskarżył ją o niewdzięczność
Beauty woke up from her sleep
Piękność obudziła się ze snu
and she burst into tears
i rozpłakała się
"Am I not very wicked?"
"Czyż nie jestem bardzo nikczemny?"
"Was it not unkind of me to act so unkindly to beast?"
"Czy to nie było niemiłe z mojej strony, że postępowałem tak nieuprzejmie wobec bestii?"
"beast did everything to please me"
"Bestia zrobiła wszystko, aby mnie zadowolić"
"Is it his fault if he is so ugly?"
"Czy to jego wina, że jest taki brzydki?"
"Is it his fault he as so little wit?"
"Czy to jego wina, że tak mało dowcipny?"
"He is kind and good, and that is sufficient"
"On jest dobry i dobry, i to wystarczy"
"Why did I refuse to marry him?"
"Dlaczego odmówiłam poślubienia go?"
"I should be happy with the monster"
"Powinienem być szczęśliwy z potworem"
"look at the husbands of my sisters"
"Spójrz na mężów moich sióstr"
"it is neither wit nor a being handsome"
"To nie jest ani dowcip, ani bycie przystojnym"
"neither husband makes a woman happy"
"Żaden mąż nie uszczęśliwia kobiety"
"but virtue, sweetness of temper, and patience"

"ale cnota, słodycz temperamentu i cierpliwość"
"these things make a woman happy"
"Te rzeczy sprawiają, że kobieta jest szczęśliwa"
"and Beast has all these valuable qualities"
"a Bestia ma wszystkie te cenne cechy"
"It is true, I do not feel the tenderness of affection for him"
"To prawda, nie czuję czułości uczucia do niego"
"but I find I have the highest gratitude for him"
"ale uważam, że mam dla niego największą wdzięczność"
"and I have the highest esteem of him"
"i mam dla niego najwyższy szacunek"
"and he is my best friend"
"A on jest moim najlepszym przyjacielem"
"I will not make him miserable"
"Nie uczynię go nieszczęśliwym"
"If were I to be so ungrateful I would never forgive myself"
"Gdybym był tak niewdzięczny, nigdy bym sobie tego nie wybaczył"
Beauty put her ring on the table
Piękność położyła pierścionek na stole
and she then laid down again
i położyła się ponownie
scarce was she in bed before she fell asleep
Ledwo leżała w łóżku, zanim zasnęła

she waked up again the next morning
Obudziła się ponownie następnego ranka
and she was overjoyed to find herself in the Beast's palace
i była przeszczęśliwa, że znalazła się w pałacu Bestii
She put on one of her nicest dresses to please him

Włożyła jedną ze swoich najładniejszych sukienek, aby go zadowolić

and she patiently waited for evening

I cierpliwie czekała na wieczór

at last the wished-for hour came

W końcu nadeszła upragniona godzina

the clock struck nine, yet no beast appeared

Zegar wybił dziewiątą, ale nie pojawiła się żadna bestia

Beauty then feared she had been the cause of his death

Piękna obawiała się wtedy, że to ona była przyczyną jego śmierci

she ran crying all around the palace

Biegała z płaczem po całym pałacu

after having sought for him everywhere, she remembered her dream

Po tym, jak szukała go wszędzie, przypomniała sobie swój sen

and she ran to the canal in the garden

I pobiegła do kanału w ogrodzie

There she found poor beast stretched out

Tam znalazła biedną bestię wyciągniętą

and she was sure she had killed him

I była pewna, że go zabiła

She threw herself upon him without any dread

Rzuciła się na niego bez strachu

his heart was still beating

Jego serce wciąż biło

she fetched some water from the canal

Przyniosła trochę wody z kanału

and she poured the water on his head

I wylała mu wodę na głowę

Beast opened his eyes and spoke to Beauty

Bestia otworzyła oczy i przemówiła do Piękności

"You forgot your promise"

"Zapomniałeś o obietnicy"

"I was so heartbroken to have lost you"

"Byłem tak załamany, że cię straciłem"

"I resolved to starve myself"

"Postanowiłem się zagłodzić"

"but I have the happiness of seeing you once more"

"Ale mam szczęście widzieć cię jeszcze raz"

"so I have the pleasure of dying satisfied"

"więc mam przyjemność umierać zadowolony"

"No, dear beast" said Beauty, "you must not die"

"Nie, droga bestio," powiedziała Piękność, "nie wolno ci umrzeć"

"Live to be my husband"

"Żyj, aby być moim mężem"

"from this moment I give you my hand"

"Od tej chwili podaję ci rękę"

"and I swear to be none but yours"

"i przysięgam, że nie będę nikim innym, jak tylko twoim"

"Alas! I thought I had only a friendship for you"

"Niestety! Myślałem, że mam dla ciebie tylko przyjaźń"

"but the grief I now feel convinces me"

"ale smutek, który teraz odczuwam, przekonuje mnie"

"I cannot live without you"

"Nie mogę żyć bez ciebie"

Beauty scarce had said these words when she saw a light

Piękność rzadko wypowiadała te słowa, gdy zobaczyła światło

the palace sparkled with light

Pałac lśnił światłem

fireworks lit up the sky

Fajerwerki rozświetliły niebo

and the air filled with music

i powietrze wypełnione muzyką

everything gave notice of some great event

Wszystko zwiastowało jakieś wielkie wydarzenie

But nothing could hold her attention

Ale nic nie mogło zatrzymać jej uwagi

she turned to her dear beast

Odwróciła się do swojej drogiej bestii

the beast for whom she trembled with fear

bestia, o którą drżała ze strachu

but how great was her surprise!

Ale jak wielkie było jej zaskoczenie!

the beast had disappeared

Bestia zniknęła

and she saw the loveliest prince

I zobaczyła najpiękniejszego księcia

she had put an end to the spell

Położyła kres zaklęciu

a spell under which he resembled a beast

zaklęcie, pod którym przypominał bestię

this prince was worthy of all her attention

Ten książę był wart całej jej uwagi

but she could not help but ask where beast was

Ale nie mogła się powstrzymać od pytania, gdzie jest bestia

"You see him at your feet" said the prince

– Widzisz go u swoich stóp – rzekł książę

"A wicked fairy had condemned me"

"Zła wróżka mnie potępiła"

"I was to remain in that shape until a beautiful Princess agreed to marry me"

"Miałem pozostać w tej formie, dopóki piękna księżniczka nie zgodziła się mnie poślubić"

"The fairy hid my understanding"

"Wróżka ukryła moje zrozumienie"
You were the only one generous enough to be charmed by the goodness of my temper"
"Byłeś jedynym, który był na tyle hojny, że oczarował cię dobroć mojego temperamentu"
Beauty was happily surprised
Piękność była szczęśliwie zaskoczona
and she gave the charming prince her hand
I podała rękę czarującemu księciu
they went together into the castle
Weszli razem do zamku
and Beauty was overjoyed to find her father in the castle
a Piękna była przeszczęśliwa, gdy znalazła ojca w zamku
and her whole family were there too
i cała jej rodzina też tam była
even the beautiful lady that appeared in her dream was there
Była tam nawet piękna dama, która pojawiła się w jej śnie;
"Beauty" said the lady from the dream
"Piękno" powiedziała dama ze snu
"come and receive your reward"
"Przyjdź i odbierz swoją nagrodę"
"you have preferred virtue over wit or looks"
"Wolałeś cnotę od dowcipu lub wyglądu"
"and you deserve someone in whom these qualities are united"
"I zasługujesz na kogoś, w kim te cechy są zjednoczone"
"you are going to be a great queen"
"Będziesz wielką królową"
"I hope the throne will not lessen your virtue"
"Mam nadzieję, że tron nie zmniejszy twojej cnoty"
"as to you, ladies" said the fairy to Beauty's two sisters
– Co do was, panie – powiedziała wróżka do dwóch sióstr

Piękności

"I know your hearts"

"Znam wasze serca"

"and I know all the malice your hearts contain"

"I znam całą złośliwość w waszych sercach"

"you two will become statues"

"Wy dwoje staniecie się posągami"

"but you will keep your minds"

"Ale zachowasz umysły"

"you shall stand before your sister's palace"

"Staniesz przed pałacem siostry swojej"

"your sister's happiness will be your punishment"

"Szczęście twojej siostry będzie twoją karą"

"you won't be able to return to your former states"

"Nie będziecie mogli wrócić do swoich poprzednich stanów"

"unless you both admit your faults"

"chyba że oboje przyznacie się do swoich błędów"

"but I am afraid you will always remain statues"

"ale obawiam się, że zawsze pozostaniecie posągami"

"pride, anger, gluttony, and idleness are sometimes conquered"

"Duma, gniew, obżarstwo i lenistwo są czasami pokonywane"

"but the conversion of envious and malicious minds are miracles"

"Ale nawrócenie zazdrosnych i złośliwych umysłów jest cudem"

immediately the fairy gave a stroke with her wand

Natychmiast wróżka uderzyła różdżką

and in a moment all that were in the hall were transported

I w jednej chwili wszystko, co było w hali, zostało

przetransportowane
they had gone into the prince's dominions
weszli do posiadłości księcia
his subjects received him with joy
Jego poddani przyjęli go z radością
the priest married Beauty and the beast
kapłan poślubił Piękną i Bestię
and he lived with her many years
I mieszkał z nią wiele lat
and their happiness was complete
i ich szczęście było pełne
because their happiness was founded on virtue
ponieważ ich szczęście opierało się na cnocie

The End / Koniec

Made in the USA
Las Vegas, NV
22 May 2024